BECHGYN AM BYTH!

Sglefrfyrddio

Felice Arena a Phil Kettle
Addasiad Dyfan Roberts

lluniau gan
David Cox

Cyhoeddwyd gyntaf ym Mhrydain yn 2004
gan Rising Stars UK Ltd, 76 Farnaby Road, Bromley BR1 4BH
dan y teitl *Skateboard Dudes*

Cyhoeddwyd gyntaf yn Gymraeg yn 2010 gan
Wasg Gomer, Llandysul, Ceredigion, SA44 4JL.
www.gomer.co.uk

ⓑ testun: Felice Arena a Phil Kettle, 2003 ©
ⓑ lluniau: David Cox, 2003 ©
ⓑ testun Cymraeg: APADGOS, 2010 ©

Mae Felice Arena, Phil Kettle a David Cox wedi datgan eu hawl
dan Ddeddf Hawlfreintiau, Dyluniadau a Phatentau 1988
i gael eu cydnabod fel awduron ac arlunydd y llyfr hwn.

ISBN 978 1 84851 146 0

Noddwyd gan Lywodraeth Cynulliad Cymru.

Argraffwyd a rhwymwyd yng Nghymru gan
Wasg Gomer, Llandysul, Ceredigion.

BECHGYN AM BYTH!

Cynnwys

Jos

Cai

Gwylia hyn!

Un pnawn Sul distaw, ar y grisiau o
flaen y llyfrgell leol, mae Jos yn
dangos ei driciau sglefrfyrddio i'w
ffrind gorau Cai.

Jos Hei Cai, gwylia hyn . . .

Mae Jos yn mynd ar ei gwrcwd ar ei
sglefrfwrdd a'i ddwylo bron â
chyffwrdd y llawr. Yn sydyn, mae'n
sboncio i fyny. Mae Jos a'r
sglefrfwrdd yn hedfan drwy'r awyr
am rai eiliadau. Yna, mae'n glanio'n
ddiogel, a'i ddwy droed ar y dec, cyn
reidio ymlaen heb ddisgyn.

Cai Waw, dyna cŵl!

Jos Ie wel, efallai ei fod e'n edrych yn hawdd, ond mae angen tipyn o ymarfer. 'Oli' yw enw'r tric yna.

Cai Beth am dy gêr diogelwch di a phethau fel'na? Dylet ti fod yn eu gwisgo nhw.

Jos Dyna beth mae Mam yn 'i ddweud, ond does arna i mo'u hangen nhw.

Cai Ga i dro?

3

Mae Jos yn sgrialu i ffwrdd ar ei
sglefrfwrdd gan esgus peidio â
chlywed Cai.

Jos Gwylia hyn!

Mae Jos yn rhuthro tua'r grisiau sy'n arwain allan o fynedfa'r llyfrgell. Dyw e ddim fel petai'n mynd i arafu. Wrth agosáu at yr ymyl, yn sydyn mae'n taflu'i hun a'i sglefrfwrdd dros y grisiau gan ddisgyn yn galed ar y palmant yr ochr draw. Mae'n glanio'n ddiogel unwaith eto, heb golli'i gydbwysedd.

Cai Roedd hynna'n anhygoel!
Wyddwn i ddim dy fod ti mor dda.

Mae Jos yn neidio oddi ar ei
sglefrfwrdd ac yn rhedeg i ben y
grisiau. Yna, mae'n rowlio'n araf o
gwmpas Cai.

Jos Diolch. 'Naid Neidr' yw enw'r
tric yna. Mae 'na risiau wrth ymyl
tŷ Nain lle dw i'n mynd i ymarfer . . .
mae ymweld â theulu'n gallu bod
yn ddiflas, weithiau.

Cai Ga i dro nawr?

Jos Hei, edrych ar hyn!

Mae Cai'n gwylltio mwy a mwy efo
Jos. Mae'n penderfynu rhedeg yn
union o'i flaen, gan wneud i'w ffrind
stopio'n sydyn, dim ond rhyw
ychydig gentimetrau oddi wrtho.

Cai Ga i dro, medda fi!

Gwersi Triciau

Mae'r bechgyn yn loetran, gan osgoi edrych ar ei gilydd. Maen nhw'n dal i gweryla.

Jos Na, chei di ddim.
Cai Pam?
Jos Achos . . .
Cai Achos be?

Jos Achos mai fy sglefrfwrdd i yw
hwn a dw i ddim eisiau i ti ei falu o.

Cai Ond wna i ddim. Dim ond tro
sydyn dw i eisiau.

Jos Dwyt ti ddim hyd yn oed yn
gwybod sut i sglefrfyrddio.

Cai Ydw, mi ydw i.

Jos Felly wyt ti wedi anghofio dy fod
wedi torri dy fraich pan oeddet ti i
ffwrdd ar dy wyliau?

Cai Nid fy mai i oedd hynny. Sut wyddwn i fod 'na lethr anferth o mlaen i? Mynd dipyn bach yn rhy gyflym wnes i, dyna'r cwbwl. A nawr, mae Mam a Dad wedi fy rhwystro rhag sglefrfyrddio am fis cyfan.

Jos O, felly. Wel, pam na ddwedaist ti hyn wrtha i o'r blaen?

Cai Wn i ddim. Do'n i ddim yn meddwl ei fod e'n beth cŵl.

Jos Dw i'n meddwl dy fod ti'n
dweud hyn i gyd jyst er mwyn i mi
deimlo trueni drosot ti . . . er
mwyn i ti gael tro.

Cai Dim peryg, boi. Dw i ddim
eisiau i ti deimlo trueni drosta i.
Anghofia'r cwbwl.

Mae Cai'n troi ac yn dechrau
cerdded i ffwrdd oddi wrth Jos.

Jos (yn gweiddi) Hei! Ble wyt ti'n
  mynd?

Cai Adre.

Jos Aros. Gei di dro nawr.

Mae Cai'n stopio a throi'n ôl at Jos.

Cai Ga i?

Jos Cei, ond yn gynta gad i mi
  ddangos hyn i ti.

Mae Jos yn gwthio'i hun ymlaen ar
ei sglefrfwrdd, ac unwaith eto mae'n
sgrialu mynd tuag at ymyl y grisiau.
Y tro hwn, wrth agosáu at yr ymyl,
mae'n sboncio'i sglefrfwrdd i ben
rheilen sy'n rhedeg dros y grisiau.
Mae Jos yn naddu ei ffordd i lawr
y rheilen ond, yn sydyn, mae'n
colli'i gydbwysedd wrth gyrraedd

y gwaelod. Mae'n disgyn, ac yn taro'r llawr â choblyn o glec.

Jos (yn sgrechian) AAAAAAAAAA!
Fy mhigwrn i!

PENNOD 3

Cynnig Dau

Mae Cai'n rhuthro draw at Jos. Mae'n ei helpu i godi, ond mae troed dde Jos yn rhy boenus iddo fedru sefyll arni.

Cai Wyt ti'n iawn?

Jos Alla i ddim credu mod i wedi disgyn. Dw i fel arfer yn gallu gwneud y tric yna'n iawn.

Cai Roedd e'n edrych yn ffantastig tan yr eiliad ola un. Ond wyt ti'n ocê?

Jos Ydw . . . dw i'n meddwl. Efallai mod i wedi troi mhigwrn.

Cai Mae'n edrych fel petai o wedi chwyddo.

Jos Mae'n brifo'n ofnadwy.

Cai Well i ti roi iâ neu rywbeth arno.

Jos Twt, na. Fydda i'n ocê. Mi wellith wrth i mi gerdded.

Mae Jos yn trio cerdded, ond yn ochneidio mewn poen wrth roi ei bwysau ar y droed sydd wedi chwyddo.

Jos Hwyrach dy fod ti'n iawn. Well i mi gael rhywun i edrych arni hi. Mi fydd Mam yn wyllt gacwn – mi ddwedodd hi wrtha i am beidio â sglefrfyrddio heb wisgo'r gêr diogelwch.

Cai Pwysa arna i mi wna i dy helpu di i fynd adre.

Wythnos yn ddiweddarach, mae Jos yn ôl yn sglefrfyrddio o gwmpas mynedfa'r llyfrgell leol. Cyn bo hir, daw Cai draw ato.

Cai Hei Jos. Dw i ddim wedi dy weld di drwy'r wythnos. Mae dy bigwrn di'n edrych yn well.

Jos Ydy. Dim ond anaf bach ges i.

Cai Felly beth am fy nhro i?

Jos Beth?

Cai Roeddet ti'n mynd i roi tro i mi
ar dy sglefrfwrdd di yr wythnos
ddiwetha – jest cyn dy ddamwain.
Ti'n cofio?

Jos O ie . . . ymmm . . .

Cai Wel?

Mae Jos yn newid y sgwrs yn sydyn.
Dydi e'n dal ddim yn awyddus iawn i
Cai gael tro ar ei sglefrfwrdd.

20

Jos Wyt ti eisiau dod gyda fi i wylio cystadleuaeth sglefrfyrddio yn y dre ddydd Sul nesa? Mae pencampwyr sglefrfyrddio gwych yn dod yno.

Cai Wyt ti'n tynnu nghoes i? Fe fyddai hynny'n hollol anhygoel.

Jos Cŵl. Gofynna i dy rieni, ac os ydy popeth yn iawn, beth am gyfarfod tu allan i nhŷ i ddydd Sul am ddeg o'r gloch? Iawn, amdani . . .

Cai Ond beth am fy nhro i?

Unwaith eto, dyw Jos ddim yn cymryd sylw o Cai. Mae'n sgrialu i ffwrdd ar ei sglefrfwrdd, ac yn rhoi cynnig ar yr un tric a achosodd iddo gael anaf wythnos yn ôl.

Cai Beth wyt ti'n wneud? Wyt ti'n wallgo? Rwyt ti'n mynd i frifo dy hun eto.

Ond yn rhy hwyr. Mae Jos yn neidio i ben y rheilen ac yn llithro i lawr arni. Ac unwaith eto, mae'n disgyn i'r llawr. Y tro hwn, mae'n torri'i arddwrn.

PENNOD 4

Syrcas Sglefrfyrddio

Mae'n ddiwrnod y gystadleuaeth
sglefrfyrddio. Mae Jos (sydd â'i
arddwrn mewn plastar) a Cai yn
eistedd yng nghanol tyrfa fawr o
flaen ramp anferth siâp U. Maen
nhw'n gwylio nifer o sglefrfyrddwyr
proffesiynol yn dangos eu campau.

Jos Waw! Mae hyn'na mor cŵl! 'Taro Mewn' yw'r enw ar y tric yna!

Cai Maen nhw'n wych!

Jos Wwww! 'Chwip 180 gradd gyda thro cic'. Dyna beth oedd hwnna. Anhygoel!

Cai Sut mae dy arddwrn di?

Jos Mae'n ocê. Mae sglefrfyrddwyr mawr yn gorfod diodde fel hyn weithie. Fetia i fod y bois yma'n torri'u hesgyrn drwy'r amser.

Cai Ydyn, ond o leia maen nhw'n
gwisgo'r gêr diogelwch iawn. Mi
ddylet tithau wisgo gardiau garddwrn
a phadiau pen-glin bob amser.

Jos O! Olreit *Mam* . . . Waw!
Anhygoel! Welaist ti hyn'na?

Yn sydyn, daw cyhoeddiad dros yr
uchelseinydd yn gwahodd unrhyw un
o'r dyrfa i gymryd tro ar y ramp.
Mae pawb yn cynhyrfu, yn enwedig
Jos a Cai.

Jos Dim peryg y ca i dro! Pam oedd
yn rhaid i mi dorri ngarddwrn? Fe
fuasen nhw wedi newis i fel arall!

Cai Buasen . . . neu fi, wrth gwrs.

Jos Y . . . rhag ofn i ti anghofio,
dwyt ti ddim i fod i sglefrfyrddio.

Cai Ydw, mi ydw i.

Jos (yn gwneud hwyl am ei ben)
O, wrth gwrs dy fod ti. A beth am
dy stori fawr di am gael dy
wahardd am fis?

Cai Mae hynny'n wir. Ond mae'r mis yn dod i ben heddiw. Felly, fedra i wneud unrhyw beth dw i eisiau o heddiw ymlaen, hyd yn oed dechrau sglefrfyrddio unwaith eto.

Jos Edrycha! Mae'n pwyntio atat ti!

Cai Beth?

Mae Cai yn troi ac yn gweld swyddog yn pwyntio'n syth ato, gan wneud arwydd arno i ddod i fyny o'r dyrfa i gael tro ar y ramp siâp U. Mae Cai'n derbyn yn llawn cyffro. Dyw Jos ddim yn credu'r peth.

Jos Pwy sy'n wallgo nawr? Fedri di ddim sglefrfyrddio!

PENNOD 5

Fy Nhro i o'r Diwedd

Mae dau swyddog yn gosod padiau
ar Cai ac yn rhoi sglefrfwrdd iddo.
Mae'n dechrau rowlio i fyny ac i lawr
y ramp. Mae'n cyflymu, ac yn sydyn
mae'n dechrau gwneud y triciau
mwyaf anhygoel, yn union fel
sglefrfyrddiwr proffesiynol. Mae'n
sboncio, yn troi-a-chicio, yn troelli
ac yn gwneud oli. Mae'r dyrfa'n
gweiddi hwrê ac yn chwibanu, tra

bod Jos yn gwylio, wedi ei synnu a'i syfrdanu gan gampau ei ffrind.

Jos (wrtho'i hun) Felly mae Cai *yn* medru sglefrfyrddio . . . go iawn!

Cai Iahwwwwwwwwwwww!!!

Mae Cai'n gorffen ei gampau gwych. Mae'n dod yn ôl at Jos wrth i'r dyrfa guro dwylo, wedi rhyfeddu at ei berfformiad arbennig.

Cai Felly *nawr* wyt ti'n fodlon rhoi
tro i mi ar dy sglefrfwrdd di?

Does gan Jos ddim dewis ond
nodio'i ben yn fud. A Cai? Wel, dyw
e ddim yn medru stopio gwenu o
glust i glust.

Josh **Geiriau Gorau Sglefrfyrddio** *Con*

dec Wyneb ucha'r sglefrfwrdd

gwasgu trwyn Gwasgu i lawr ar dryciau blaen eich bwrdd. Dim byd i'w wneud â phigo'ch trwyn!

oli Chi a'ch sglefrfwrdd yn neidio i'r awyr. Dyma'r tric cyntaf i'w ddysgu ar sglefrfwrdd.

tryciau Y bariau metel sydd wedi'u gosod o dan ddec y sglefrfwrdd. Mae'r olwynion yn sownd i'r tryciau.

Pethau Pwysig Sglefrfyrddio

☞ Gwnewch yn siŵr eich bod yn rhoi olew ar y tryciau cyn defnyddio'ch bwrdd.

☞ Cuddiwch eich pen-gliniau a'ch pen-elinoedd gyda phadin. Mae'n brifo'n ofnadwy os disgynnwch chi ar eich pen-glin neu benelin.

☞ Trïwch fynd mor gyflym â phosib. Hwyrach y byddwch yn gosod record ar gyfer y sglefrfyrddiwr cyflymaf yn y byd.

☞ Gyda help ffrind, adeiladwch eich ramp sglefrfyrddio eich hun.

☞ Dyfeisiwch eich tric sglefrfyrddio eich hun.

☞ Os ydych yn mynd i ddefnyddio offer o weithdy eich tad, cofiwch ofyn iddo'n gyntaf.

☞ Weithiau mae'n hwyl gofyn i'ch chwaer eich tynnu chi o gwmpas y parc ar eich sglefrfwrdd.

☞ Er mwyn gwneud i'ch sglefrfwrdd fynd yn gyflymach, mae'n rhaid i chi un ai wthio'n galetach neu fynd i lawr rhiw serth.

☞ Y peth pwysicaf i'w gofio yw bod yn rhaid i chi wisgo gêr diogelwch bob amser wrth ddefnyddio sglefrfwrdd.

Ffeithiau Ffynci Sglefrfyrddio

 Roedd y sglefrfyrddau cyntaf yn eitha tebyg i sgŵters. Maen nhw'n dyddio nôl i'r 1900au cynnar.

 Yn yr 1950au y daeth y tryciau sy'n rhan o'n sglefrfwrdd ni yn boblogaidd am y tro cyntaf.

 Yn 1970 y cafodd yr olwynion 'urethane' cyntaf eu gwneud a'u gosod ar sglefrfyrddau. Dyma'r olwynion a ddefnyddir heddiw.

 Gwerthwyd pum deg miliwn o sglefrfyrddau mewn cyfnod o dair blynedd o 1962 ymlaen.

Mae bron i bum deg y cant o anafiadau sglefrfyrddio'n cael eu hachosi gan ffyrdd anwastad neu fynd dros frigau, cerrig neu graciau.

 Mae dros chwe deg y cant o'r anafiadau'n effeithio ar y dwylo, y breichiau a'r garddyrnau.

 Mae gan sglefrfyrddau modern ddeciau ystwyth ac olwynion cul. Mae'r rhain yn ei gwneud hi'n haws i wneud triciau ac i fynd yn gyflymach, ond dyw'r byrddau modern ddim mor gadarn â'r hen sglefrfyrddau.

BECHGYN AM BYTH!

Holi am Hwyl

1 Beth yw parc sglefrio?

2 Beth yw oli?

3 Sut ydych chi'n gwneud i'ch sglefrfwrdd fynd yn gyflymach?

4 Ddylech chi wisgo helmed wrth reidio'ch sglefrfwrdd?

5 Beth yw gwasgu trwyn?

6 Beth yw sbonc?

7 Beth yw sbonc-a-chic?

8 Beth yw llithr fyrddio?

Atebion

8 Llithrfyrddio yw defnyddio canol y sglefrfwrdd i lithro i lawr rheilen.

7 Sbonc-a-chic yw cicio sglefrfwrdd yn yr awyr.

6 Sbonc ydi pan mae sglefrfwrdd yn gwneud tro crwn 360 gradd.

5 Gwasgu trwyn yw pan mae tryciau blaen y sglefrfwrdd yn naddu i mewn i'r llwybr o'ch blaen – nid pigo'ch trwyn ywr ystyr.

4 Dylid gwisgo helmed wrth sglefrfyrddio bob amser.

3 I fynd yn gyflymach, rhaid gwthio'n galetach neu fynd i lawr rhiw serth iawn.

2 Naid yw oli. Fel arfer, dyma'r tric cyntaf i'w ddysgu wrth sglefrfyrddio.

1 Parc sglefrio yw lle pwrpasol ar gyfer sglefrfyrddio.

Beth oedd eich sgôr?

- Os cawsoch chi'r 8 ateb yn iawn, yna mi ddylech chi fynd yn sglefrfyrddiwr proffesiynol.

- Os cawsoch chi 6 ateb yn iawn, gwnewch yn siŵr nad ydych chi'n symud allan o'r parc.

- Os na chawsoch chi fwy na 4 ateb yn iawn, yna dylech chi ddal i ymarfer neu ganolbwyntio ar reidio beic.

Felice → ← Phil

Haia Fechgyn!

Rydyn ni'n cael llawer o hwyl yn darllen, a hoffen ni i chi gael yr un hwyl hefyd. Yn ein barn ni'n dau mae hi'n bwysig iawn gallu darllen yn dda ac mae'n cûl iawn hefyd.

Dyma rai pethau y gallwch chi eu gwneud i'ch helpu i gael hwyl wrth ddarllen.

Yn yr ysgol, beth am ddefnyddio 'SGLEFRFYRDDIO' fel drama gyda chi a'ch ffrindiau'n actorion? Rhaid i chi osod cefndir y ddrama. Efallai y byddech chi'n medru dod â'ch sglefrfwrdd i'r ysgol. Efallai hefyd yr hoffech chi drio adeiladu eich ramp sglefrfyrddio eich hun.

Reit . . . ydych chi wedi penderfynu pwy fydd Jos a phwy fydd Cai? Wedyn, gyda'ch ffrindiau, ewch ati i ddarllen ac actio'r stori o flaen y dosbarth.

Rydyn ni'n cael llawer o hwyl pan ydyn ni'n mynd i ysgolion i ddarllen ein straeon. Ar ôl i ni orffen mae'r plant i gyd yn curo dwylo'n uchel iawn. Pan fyddwch chi wedi gorffen actio'ch drama bydd gweddill y dosbarth yn curo dwylo'n uchel i chi hefyd. Cofiwch gymryd cip allan drwy'r ffenest – rhag ofn bod sgowt o sianel deledu'n eich gwylio!

Mae darllen gartref yn bwysig iawn hefyd, ac mae'n llawer o hwyl.

Ewch â'n llyfrau ni adref a gofynnwch i aelod o'r teulu eu darllen gyda chi. Efallai y gallan nhw actio rhan un o'r cymeriadau yn y stori.

Cofiwch, mae darllen yn llawer o hwyl.

Fel dwedodd y pry llyfr . . . mae blas ar lyfr!

A chofiwch . . . Bechgyn am Byth!

BECHGYN AM BYTH!

Pan Oedden Ni'n Blant

Felice

Phil

Phil Wnest ti ddisgyn oddi ar dy sglefrfwrdd erioed pan oeddet ti'n fachgen?

Felice Do. Ro'n i'n cael ras yn erbyn fy ffrind gorau pan drawodd fy sglefrfwrdd yn erbyn carreg. Fe syrthiais oddi ar y bwrdd a glanio ar fy mraich.

Phil Argol, swnio'n ddrwg. Wnest ti frifo dy hun?

Felice Do, ond do'n i ddim eisiau dweud wrth neb. Ond wedyn, roedd fy mraich yn boenus ofnadwy ac wedi chwyddo'n fawr.

Phil Felly roedd hi wedi torri?

Felice Oedd, a doedd Mam ddim yn rhyw hapus iawn.

Phil Mae hi'n bwysig gwisgo'r gêr diogelwch 'na, felly!

BECHGYN AM BYTH!

Jôc

C Beth mae canibal yn galw sglefrfyrddiwr?

A Pryd-ar-glud!

BECHGYN AM BYTH!

BECHGYN AM BYTH!
Ar y Fferm

Felice Arena • Phil Kettle
SUSY BOYER

BECHGYN AM BYTH!
Bois y Beics

Felice Arena • Phil Kettle
DAVID COX

BECHGYN AM BYTH!
Dal y don

Felice Arena • Phil Kettle
MITCH VANE

BECHGYN AM BYTH!
Dinas Dŵr

Felice Arena • Phil Kettle
MITCH VANE

BECHGYN AM BYTH!
Diwrnod Ysgol Ofnadwy

Felice Arena • Phil Kettle
MITCH VANE

BECHGYN AM BYTH!
Y Dyn Eira Drwg

Felice Arena • Phil Kettle
SUSY BOYER

BECHGYN AM BYTH!
Gwersylla

Felice Arena • Phil Kettle
DAVID COX

BECHGYN AM BYTH!
Hela Llygod

Felice Arena • Phil Kettle
DAVID COX

BECHGYN AM BYTH!
Rebels Ceir Rasio

Felice Arena • Phil Kettle
BETTINA GUTHRIDGE